为使年轻一代树立自然而美好的环境观念，我们要鼓励小同学们了解和感受传统的园林智慧，亲身体会和发扬我们悠久的建筑文化。

——孟建民　中国工程院院士

"苏州园林"中华之冠；

《苏州园林》图文并茂；

《苏州园林》智趣兼善。

诚可读可赏可用可普及可收藏。

——刘传铭

著名学者，原复旦大学上海视觉艺术学院教授、

文化艺术研究院院长

吴永发著《苏州园林》赞

苏州园林宛天开，

良苦用心探究裁。

文浅意深图并茂，

大道至简境新来。

——金荷仙

教授、博士生导师，中国风景园林学会副理事长，

《中国园林》杂志社社长

图书在版编目（CIP）数据

苏州园林 / 吴永发著；苏小芮绘. —北京：北京科学技术出版社，2024.5
ISBN 978-7-5714-3843-2

Ⅰ. ①苏… Ⅱ. ①吴… ②苏… Ⅲ. ①古典园林–苏州–儿童读物 Ⅳ. ① K928.73-49

中国国家版本馆 CIP 数据核字 (2024) 第 074089 号

策划编辑：阎泽群
责任编辑：阎泽群
封面设计：沈学成
图文制作：天露霖文化
责任印制：李 茗
出 版 人：曾庆宇
出版发行：北京科学技术出版社
社　　址：北京西直门南大街 16 号
邮政编码：100035
ISBN 978-7-5714-3843-2

电　　话：0086-10-66135495（总编室）
　　　　　0086-10-66113227（发行部）
网　　址：www.bkydw.cn
印　　刷：雅迪云印（天津）科技有限公司
开　　本：787 mm×1092 mm　1/12
字　　数：50 千字
印　　张：4
版　　次：2024 年 5 月第 1 版
印　　次：2024 年 5 月第 1 次印刷

定　　价：52.00 元

苏州园林

吴永发 著　　苏小芮 绘

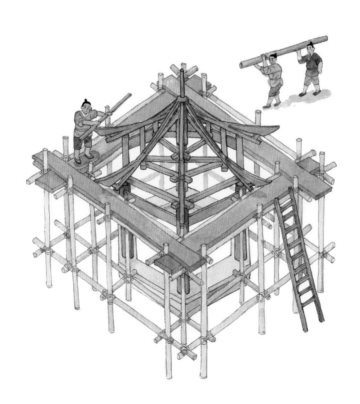

北京科学技术出版社
100 层童书馆

苏州土地肥沃，河湖密布，气候温暖湿润，
既是有名的鱼米之乡，又是繁荣的商业城市，
被誉为"人间天堂"。
美丽富庶的苏州吸引了很多人在此定居。
生活在人口稠密的城市中，
人们难免向往自然风光。
于是，人们在自己的家中修建园林，
把大自然的山水美景浓缩其中。

苏州园林是我国园林艺术的突出代表。

它有哪些特点呢？

我们一起来看看吧！

园林四要素

你看，"园"字的繁体"園"是不是就像一座园林，有山、水池、植物、建筑呢？其实，山、水、植物、建筑，就是园林的四要素。

门

要走进园林，当然要先推开园林的大门。

咦，这大门上怎么还有屋檐呢？

原来，这样的大门叫作门楼，

它比普通的大门看起来更气派。

现在来看看网师园的砖雕门楼吧！

门楼的青砖上雕刻着很多精美的图案，

表达了人们的美好愿望。

在一些苏州园林的门楼和影壁上，

都有这种精美的砖雕。

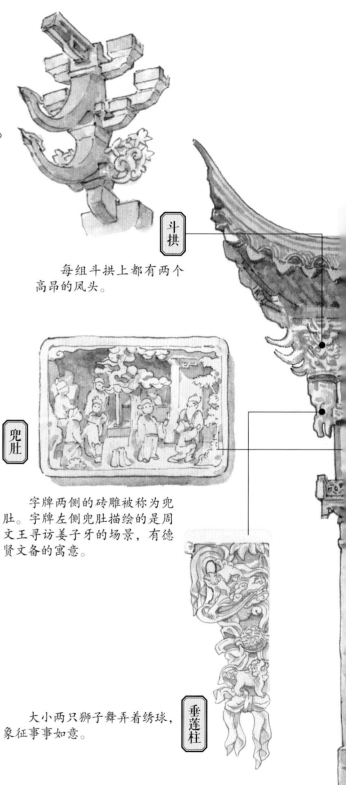

斗拱

每组斗拱上都有两个高昂的凤头。

兜肚

字牌两侧的砖雕被称为兜肚。字牌左侧兜肚描绘的是周文王寻访姜子牙的场景，有德贤文备的寓意。

垂莲柱

大小两只狮子舞弄着绣球，象征事事如意。

制作砖雕过程

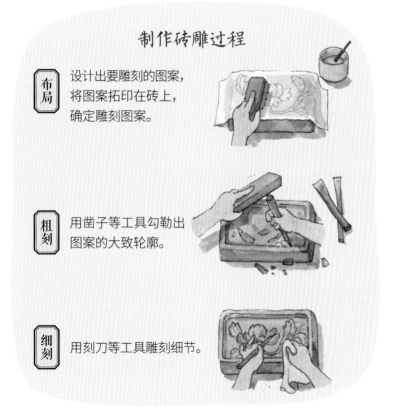

布局 设计出要雕刻的图案，将图案拓印在砖上，确定雕刻图案。

粗刻 用凿子等工具勾勒出图案的大致轮廓。

细刻 用刻刀等工具雕刻细节。

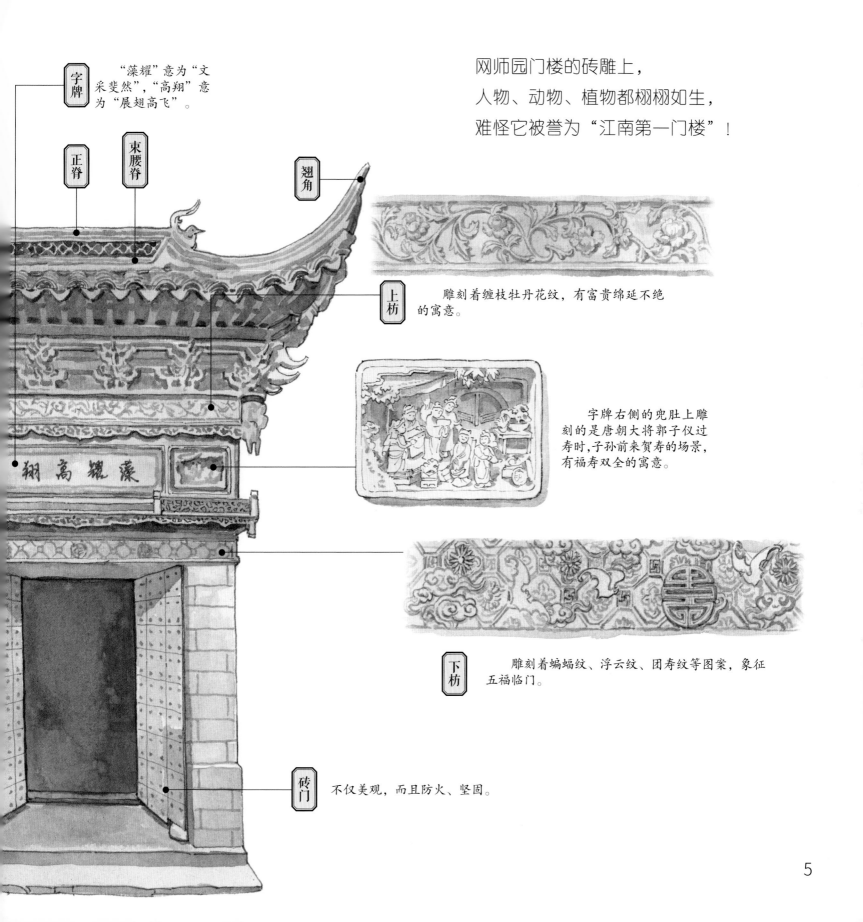

"藻耀"意为"文采斐然","高翔"意为"展翅高飞"。

字牌

正脊

束腰脊

翘角

网师园门楼的砖雕上，
人物、动物、植物都栩栩如生，
难怪它被誉为"江南第一门楼"！

上枋

雕刻着缠枝牡丹花纹，有富贵绵延不绝的寓意。

字牌右侧的兜肚上雕刻的是唐朝大将郭子仪过寿时，子孙前来贺寿的场景，有福寿双全的寓意。

藻耀高翔

下枋

雕刻着蝙蝠纹、浮云纹、团寿纹等图案，象征五福临门。

砖门

不仅美观，而且防火、坚固。

山

叠山常用技法

挂

镜

秀美的风光离不开山。

可是，总不能把一座大山搬到院子里吧。

所以，人们从自然界中挑选出有特点的石头，

在园林中堆造出形态各异的假山。

假山和水景共同构成了一幅幅中国山水画，

再加上洞窗、洞门，画意更浓。

葫芦

我国古代的起重机，通过多人拉缆绳，可以把巨石提到高处。

连

剑

垫

钉

堆造假山的技法叫作叠山。
人们用巧妙的方法，
使假山也拥有丘壑、石洞、奇峰。
这样的假山比一些真山还要秀美呢。

你有没有发现，一些假山上有很多孔洞？

这些孔洞是怎么来的呢？

难道是人工凿出来的？

其实上面的孔洞是石头被湖水或酸性土壤侵蚀而形成的，
这种石头叫作太湖石。

欣赏太湖石有五字口诀：瘦、皱、透、漏、丑。

这五个字体现了古代文人的审美情趣和审美追求。

天然的太湖石形状不规整，形态万千。

来看看这些石头都像什么吧！

这两座假山像不像一只站立的狮子和一只吼叫的狮子呢？

瘦：形态纤细挺拔、线条清晰，好似有铮铮铁骨。

皱：有明显的凹凸纹理，千变万化。

透：有很多通透的孔洞，可以让光线通过，营造灵动的空间感。

漏：有很多上下贯通的洞，充满灵气。

丑：不是指样子难看，而是指形状奇特，让人觉得新奇有趣。

水

水是园林的重要组成部分。

水没有固定的形状，装进什么容器，就是什么形状。

园林设计中的"理水"，最重要的就是设计盛水的"容器"。

有的园林水面大而开阔，恬静秀丽；

有的园林水流细而蜿蜒，灵动多变。

园林中的水面边缘通常是不规则的，曲曲折折的，

并且和周围的山石、建筑、植物互相呼应，

毫无人工痕迹。

网师园

怡园

艺圃

苏州园林中的水一般是引自山泉或江、河、湖等，这样水才能保持新鲜。

11

荷

芭蕉

紫藤

植

苏州园林中一般种植了很多植物，
既有玉兰、芭蕉这样生长在陆地上的植物，
也有睡莲、荷花这样生长在水中的植物。
这些植物不仅可以美化环境，
而且还寄托着园林主人的精神追求。
随着季节转换，
这些植物不断改变形态，
使得园林景色变化无穷。

竹

梅

兰

菊

四君子

松

竹

梅

岁寒三友

玉兰

牡丹

玉堂富贵

海棠

桂花

13

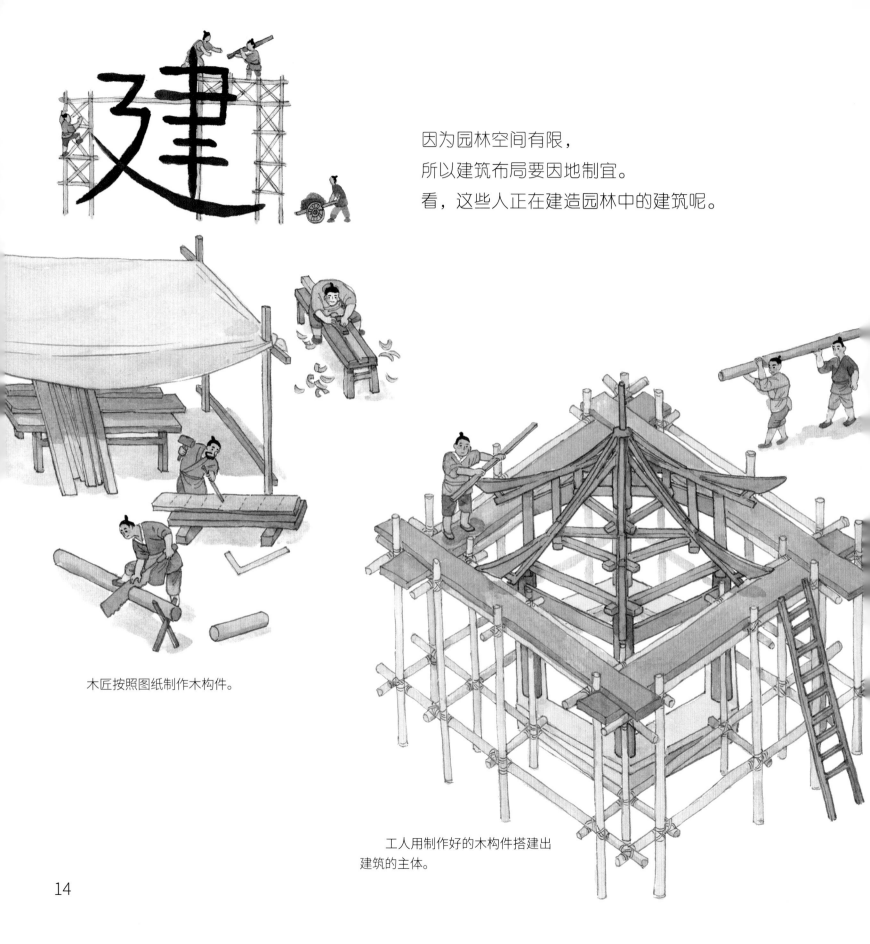

因为园林空间有限，

所以建筑布局要因地制宜。

看，这些人正在建造园林中的建筑呢。

木匠按照图纸制作木构件。

工人用制作好的木构件搭建出
建筑的主体。

14

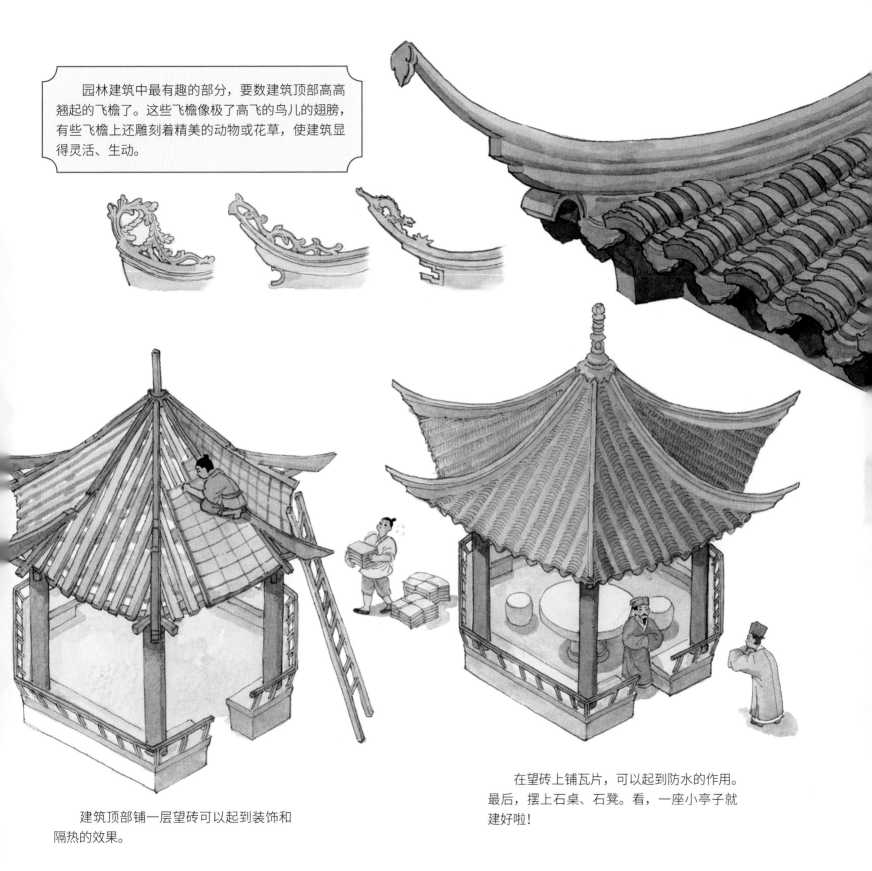

园林建筑中最有趣的部分，要数建筑顶部高高翘起的飞檐了。这些飞檐像极了高飞的鸟儿的翅膀，有些飞檐上还雕刻着精美的动物或花草，使建筑显得灵活、生动。

建筑顶部铺一层望砖可以起到装饰和隔热的效果。

在望砖上铺瓦片，可以起到防水的作用。最后，摆上石桌、石凳。看，一座小亭子就建好啦！

宅

逛累了吧？是不是想找一个地方休息呢？
正好，小亭子建好了，去休息一下吧。

苏州园林宅园合一，可赏、可游、可居。
园林建筑分为厅、堂、轩、馆、楼、阁、榭、舫、亭、廊等类型，
且每种类型又有多种变化。

厅、堂

通常是园林中最重要的建筑，用来接见或者宴请宾客。因此，造型通常比较大方，也比较宽敞。

16

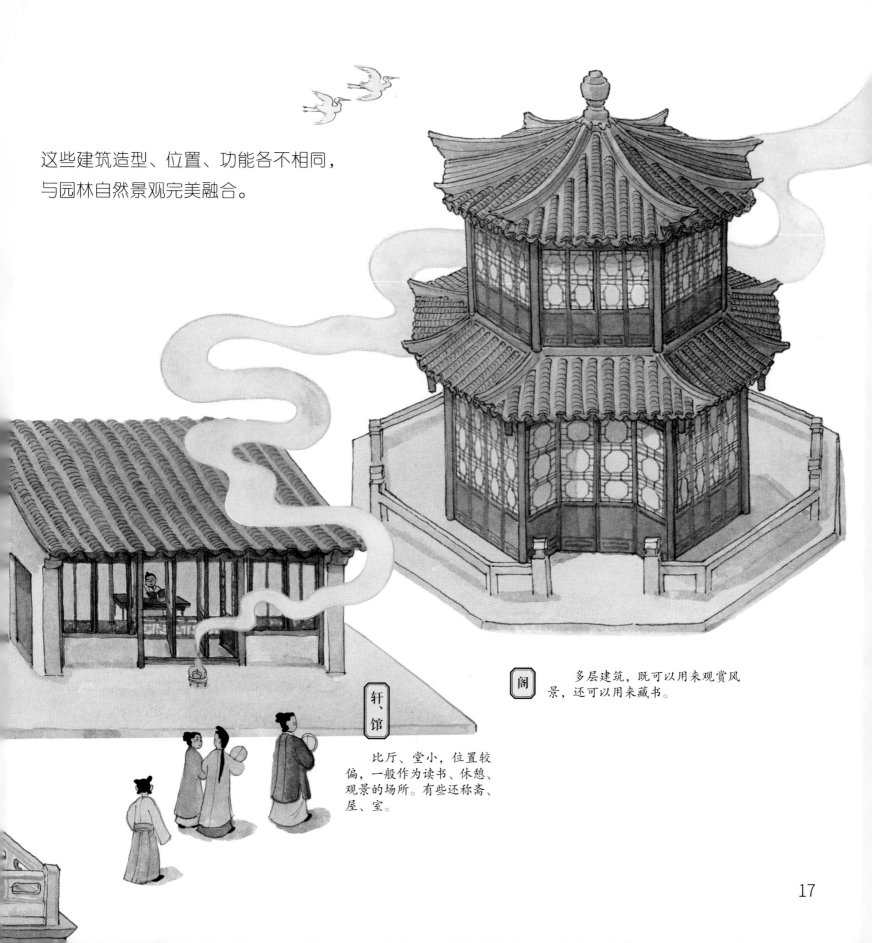

这些建筑造型、位置、功能各不相同，
与园林自然景观完美融合。

阁　多层建筑，既可以用来观赏风
景，还可以用来藏书。

轩、馆　比厅、堂小，位置较
偏，一般作为读书、休憩、
观景的场所。有些还称斋、
屋、室。

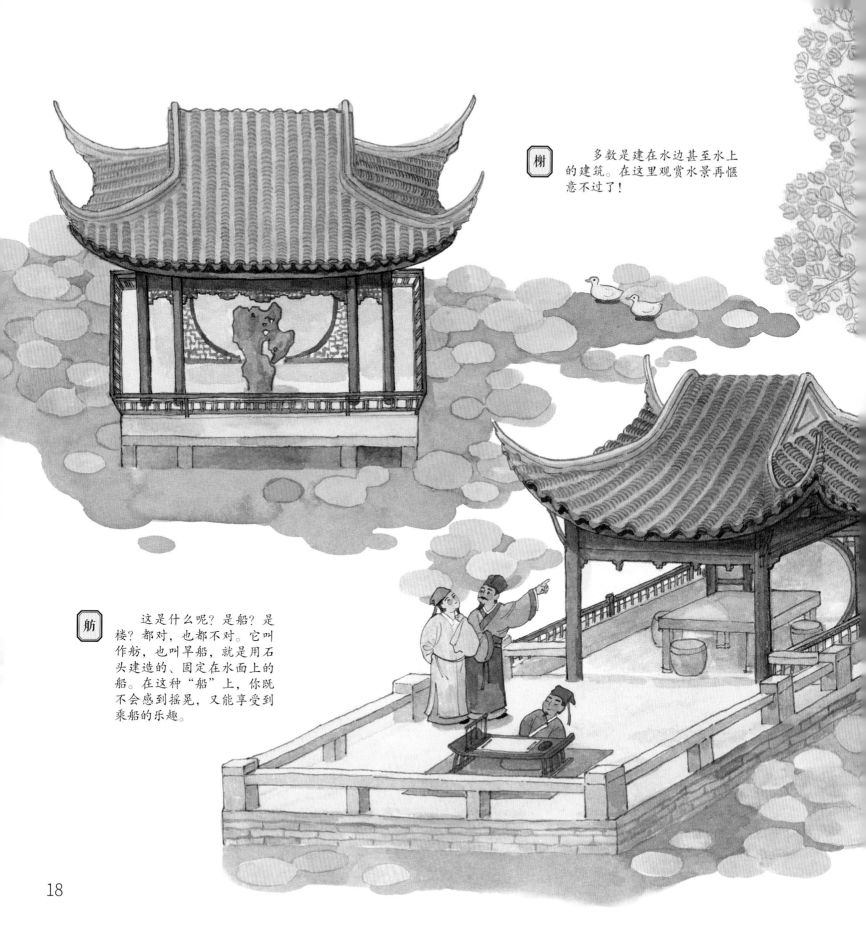

榭　多数是建在水边甚至水上的建筑。在这里观赏水景再惬意不过了！

舫　这是什么呢？是船？是楼？都对，也都不对。它叫作舫，也叫旱船，就是用石头建造的、固定在水面上的船。在这种"船"上，你既不会感到摇晃，又能享受到乘船的乐趣。

18

亭 有顶无墙的小巧建筑。亭顶多变，有圆形、多边形，甚至扇形。

19

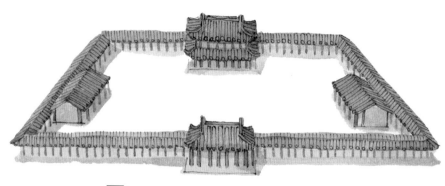

 回廊　连接建筑的回形走廊，也称走马廊。名称出自杜甫的一首诗："小院回廊春寂寂，浴凫飞鹭晚悠悠。"

苏州园林的各类建筑中，
最吸引人的恐怕就是各种曲曲折折的廊了。
廊，就是有顶的通道，
不仅可以遮阳挡雨，
而且还可以让园林产生万千变化，
营造出曲径通幽的效果。
廊按形式可分为直廊、曲廊、波形廊、空廊、
回廊、复廊等；
按位置可分为沿墙走廊、爬山廊、
水廊、桥廊等。

 爬山廊　连接山坡上下建筑的廊。

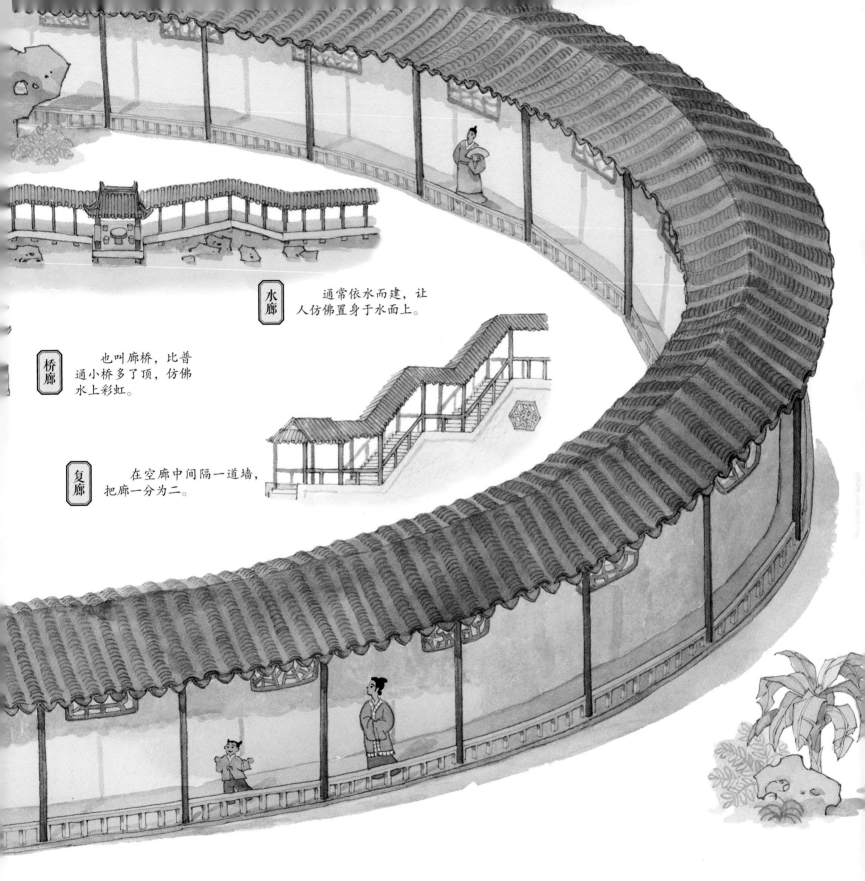

水廊 通常依水而建，让人仿佛置身于水面上。

桥廊 也叫廊桥，比普通小桥多了顶，仿佛水上彩虹。

复廊 在空廊中间隔一道墙，把廊一分为二。

21

走在苏州园林中，能看到很多小石子铺成的路。

"在石子上走路，脚不会被硌疼吗？"

你一定会这么问吧。

其实，这些石子路一点儿都不硌脚。

与地砖相比，石子不仅不易受到雨水的侵蚀，

而且还能拼成很多精美的图案。

这种工艺就是花街铺地，

既体现了深厚的文化底蕴，

同时也寄托了园林主人的美好愿望。

石子路上都有哪些图案呢？一起来看看吧！

凤凰 百鸟之王，是吉祥幸福的象征。单只凤凰象征丹凤呈祥；和花中之王牡丹组合在一起，象征天下太平，也有夫妻和睦的意思。

动物类

蝙蝠 五只蝙蝠围住正中的寿字纹，意为"五福捧寿"，又叫五福临门。"五福"指长寿、富贵、康宁、好德和寿终。

鱼虾 江南盛产鱼虾，园林中的小路上也常有鱼虾图案，意为"有余有暇"，事事如意。

蟾蜍 传说中嫦娥偷吃了长生不老药后，飞升到月宫，化作长生不老的蟾蜍。所以，蟾蜍象征长寿。

植物类

梅花 "梅花香自苦寒来"，古人常以梅花来勉励自己。同时，梅花有五片花瓣，又叫五福花，象征吉祥如意。

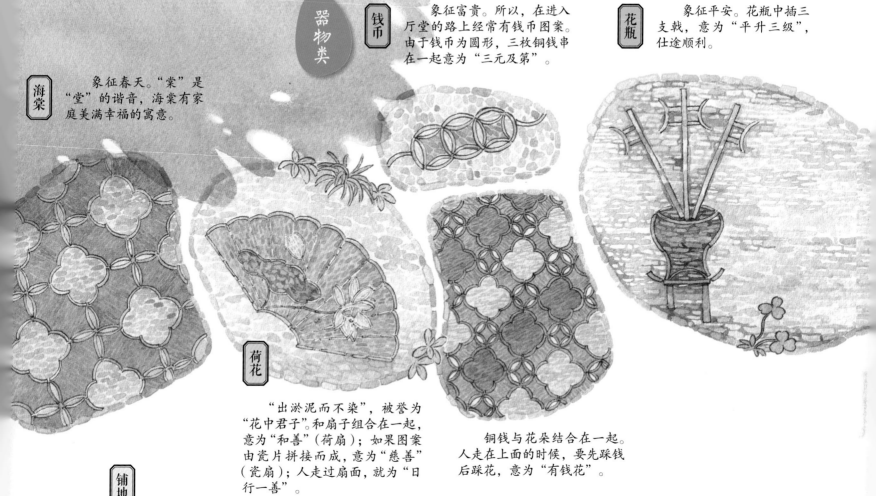

海棠 象征春天。"棠"是"堂"的谐音，海棠有家庭美满幸福的寓意。

器物类

钱币 象征富贵。所以，在进入厅堂的路上经常有钱币图案。由于钱币为圆形，三枚铜钱串在一起意为"三元及第"。

花瓶 象征平安。花瓶中插三支戟，意为"平升三级"，仕途顺利。

荷花 "出淤泥而不染"，被誉为"花中君子"。和扇子组合在一起，意为"和善"（荷扇）；如果图案由瓷片拼接而成，意为"慈善"（瓷扇）；人走过扇面，就为"日行一善"。

铜钱与花朵结合在一起。人走在上面的时候，要先踩钱后踩花，意为"有钱花"。

铺地工艺

确定出铺地的范围，用铁锹翻地。

用耙子把地面整平。

在平整的地面上铺一层沙子，并用工具把沙子压实、整平。

用卵石、砖石、瓷片等拼出图案。

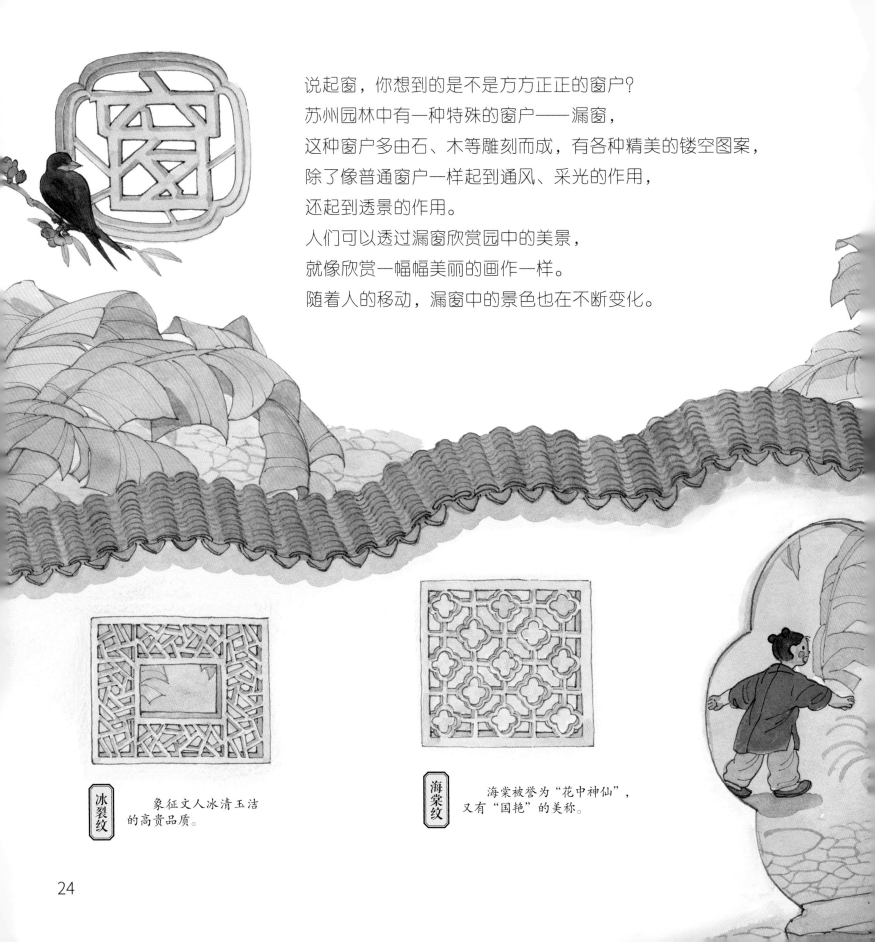

说起窗，你想到的是不是方方正正的窗户？
苏州园林中有一种特殊的窗户——漏窗，
这种窗户多由石、木等雕刻而成，有各种精美的镂空图案，
除了像普通窗户一样起到通风、采光的作用，
还起到透景的作用。
人们可以透过漏窗欣赏园中的美景，
就像欣赏一幅幅美丽的画作一样。
随着人的移动，漏窗中的景色也在不断变化。

冰裂纹 象征文人冰清玉洁的高贵品质。

海棠纹 海棠被誉为"花中神仙"，又有"国艳"的美称。

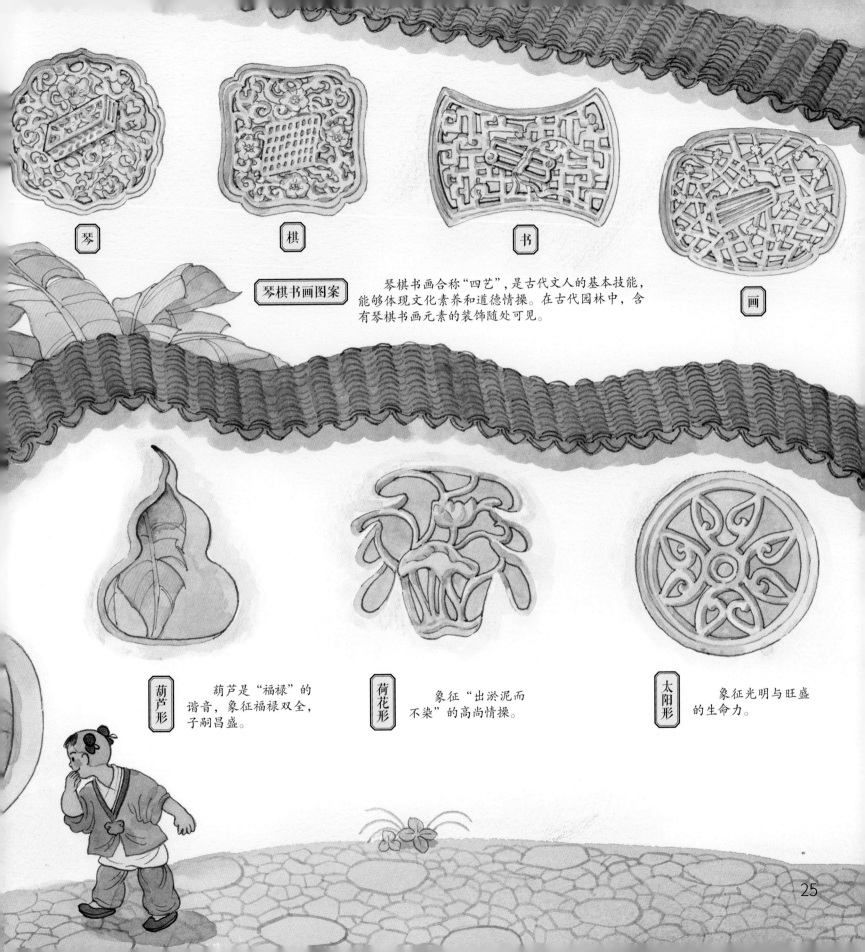

琴

棋

书

画

琴棋书画图案　琴棋书画合称"四艺"，是古代文人的基本技能，能够体现文化素养和道德情操。在古代园林中，含有琴棋书画元素的装饰随处可见。

葫芦形　葫芦是"福禄"的谐音，象征福禄双全，子嗣昌盛。

荷花形　象征"出淤泥而不染"的高尚情操。

太阳形　象征光明与旺盛的生命力。

景

园林建造，造的不仅是园，更是景。

在游览园林的过程中，你是不是有这样的疑惑：

明明不大的园子，为什么感觉有无限的风光呢？

这就是苏州园林"小中见大"的艺术效果。

小，指的是园林的面积；大，指的是人的感受。

为了达到这种效果，

园林设计者常常采用借景的造景方式，

把园林外的景色"借到"园中，

让人们身在园中也能看到无限广阔的天地。

其中拙政园的借景最具代表性。

拙政园中本没有高塔，设计者把北寺塔"借到"园中，

使园外的塔与园中的景融为一体。

借景

除了借景，还有很多造景方式，它们为园林增添了别样的情趣。

障景 | 把美景用山石、树丛等挡住。等人越过障碍之后，美景突然展现在眼前，由此营造出柳暗花明的效果。

隔景 | 把美景用墙、廊、假山等隔开，这样既不会使景色显得杂乱，又使各要素有所呼应。

框景 | 把洞门、窗、植物等当作"画框"，把风景"框"进来，形成一幅天然画作。

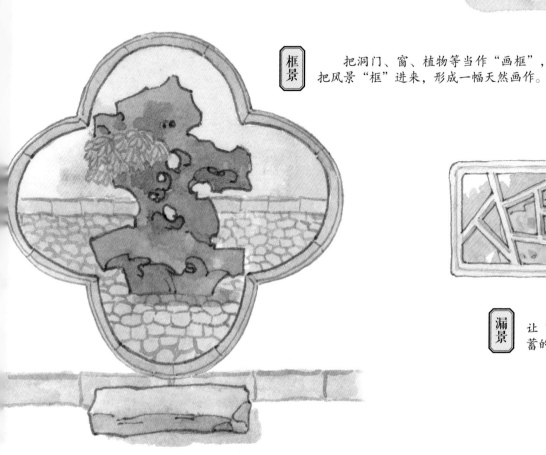

漏景 | 和框景类似。将花窗等作为"画框"，让"框"中的景色若隐若现，展现一种含蓄的美。

卅六鴛鴦館

玉峯四月 □作

匾额

条案

太师椅

长案

28

除了山水景色要和谐统一，

园林建筑内部也会配上与整体风格相应的家具，

这样才能使建筑和自然融为一体。

所以，在设计和建造园林时，

人们也将审美理念投射到园林中的家具上。

博古架

这就是拥有 2000 多年历史的苏州园林，
它借鉴了中国山水画的艺术表现手法，
有着浓厚的传统文化底蕴，
展现了独特的东方文化。
直到今天，我们在园林中漫步时，
仍然能感受到当时园林主人在这里
寄身自然、抛却烦恼的心境。

苏州名园

苏州园林大多为私家园林，各具特色。
其中沧浪亭、狮子林、拙政园和留园
并称苏州四大名园，
分别体现了宋、元、明、清四个朝代的艺术风格。

沧浪亭

　　沧浪亭是苏州现存历史最悠久的一座园林。它的名字取自屈原的名句"沧浪之水清兮，可以濯吾缨；沧浪之水浊兮，可以濯吾足"。这句话大意是，沧浪江的水清澈啊，可以洗我的帽子；沧浪江的水浑浊啊，可以洗我的脚。园名表现了园林主人"穷则独善其身，达则兼济天下"的境界。

　　园中最吸引人的是 108 扇形态各异的精美漏窗，有太阳形、桃子形、海棠形……每一扇都不同。

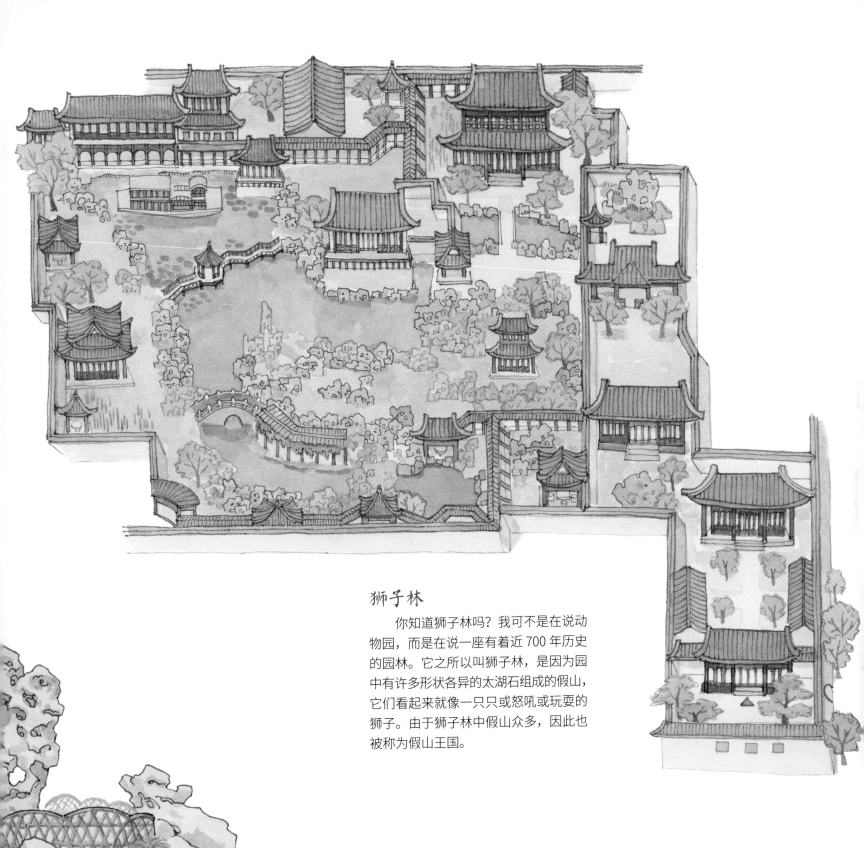

狮子林

你知道狮子林吗？我可不是在说动物园，而是在说一座有着近 700 年历史的园林。它之所以叫狮子林，是因为园中有许多形状各异的太湖石组成的假山，它们看起来就像一只只或怒吼或玩耍的狮子。由于狮子林中假山众多，因此也被称为假山王国。

拙政园

　　拙政园是苏州现存最大的古典园林，是由和唐伯虎并称"四大才子"的书画大家文徵（zhēng）明设计的。这里本来是一大片积水洼地，不过文徵明巧妙地利用地势，把水作为园林的主角，将建筑点缀其间。置身园中的人，仿佛进入了文徵明创作的山水画中。

　　拙政园这个名字，源于晋代潘岳《闲居赋》中的"灌园鬻蔬，以供朝夕之膳……此亦拙者之为政也"，大意是说，浇灌田地，好种出蔬菜来吃，就是我这个笨拙者的正经事了。从这个名字可以看出园林主人多么热爱田园生活。

留园

留园曾经的主人姓刘，所以一度被称为刘园，后来改名留园。
这座园中最具代表性的就是各式各样的精美建筑。这里有苏州园林
中最长的游廊——长700多米；有苏州园林中最大的厅堂——五
峰仙馆；还有苏州园林中最高的独立石峰——冠云峰……留园的面
积虽然只有拙政园的一半多一点儿，但其建筑的数量和类型却比拙
政园的多，并且一点儿也不显得拥挤、局促。你如果有机会来到这里，
一定会流连忘返！

园林艺术包罗万象，除了苏州园林，
在中国和世界各地，还有很多其他类型的园林。
让我们一起来看看吧。

36

中国皇家园林

皇家园林和普通园林相比，通常面积更大、气势更恢宏、建筑更精美。而且，为了展现皇家威严，园中通常有一处体量巨大的单体建筑或建筑群。

皇家园林中最具代表性的，莫过于被誉为"皇家园林博物馆"的颐和园了。这座位于北京的清代园林，参考了江南园林的设计理念，既有精巧的亭台楼阁，也有规模宏大的宫殿，整座园林足足有300座沧浪亭那么大！

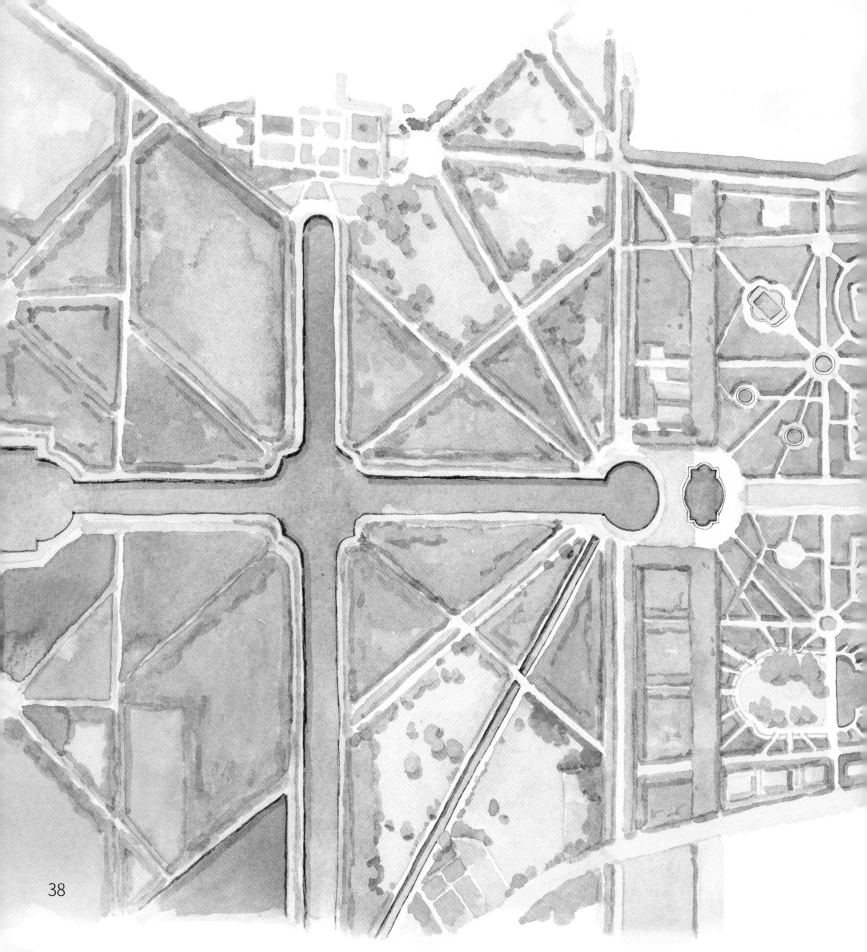

欧式园林

中国园林崇尚自然，而欧式园林则强调对称。在一些欧式园林中，你会惊讶地发现，不仅建筑、道路、喷泉、假山是对称的，连花坛都被设计成规矩的几何形状，对称地分布在园林中。这样的花坛被称为刺绣花坛，法国凡尔赛宫就有这样的刺绣花坛。